Lik 14
90

HARANGVE

PRONONCEE A L'OVVERTVRE DES

Eſtats Generaux du pays de Languedoc, Aſſemblez en la ville de Beaucaire.

Par Monſieur le Duc de Vantadour, Pair de France, Lieutenant General pour le Roy en ladite Prouince.

A PARIS,

Pour la veſue Abraham Saugrain, en l'Iſle du Palais, au coing de la ruë de Harlay.

M. DC. XXII.

Auec Permiſſion.

HARANGVE FAICTE

à l'ouuerture des Estats Generaux du pays du Languedoc, Assemblez en la ville de Beaucaire, par Monsieur le Duc de Vantadour, Pair de France, Lieutenant General pour le Roy en ladite Prouince, le 8. Nouembre 1622.

MESSIEVRS,

Les peuples de Sparte furent bien estonnez quand au lieu du Dictateur du peuple Romain, qui auoit en sa main l'authorité & la puissance Imperiale, lequel ils attendoient, ils virent seulement arriuer dans leur ville vn Proconsul. A plus forte raison les Estats de Languedoc, ont iuste occasion de s'esbahir, de voir auiourd'huy seulement vn Lieutenant de Roy, qui

A ij

n'eſt que l'ombre de ce grand corps, vn petit rayon de ce grand Soleil de la Maieſté Royale, que vous croyez auec moy vous eſclairer, & honorer auiourd'huy de ſa preſence, & vous faire entendre par ſa bouche ſes volontez, ſes intentions, & ſes commandemens: mais ce qui vous doit conſoler, c'eſt que ce qui eſt differé n'eſt pas oſté, & que vous aurez cet honneur de voir ſa Maieſté deuant la fin de ces Eſtats m'ayant commandé de vous en aſſeurer, & de ſa Royale protection & bien-vueillance, de laquelle vous auez reſſenty de ſi ſignalez effects, que cela vous oblige de trauailler diligemment à l'execution du contenu de ſes Lettres patentes, dont la lecture vous a eſté faicte preſentement.

Chacun ſçait que depuis vn an, le Roy a eu ſur ſes bras cinq armees, quatre par terre & vne par mer; Que la deſpenſe de la derniere reuient à ſept cens mil liures par mois; Iugez par là combien

est grande & excessiue celle des
quatre restans. Dés le commence-
ment du Printemps, vous auez veu
quel a esté le progrez de l'armee
Royale, dans laquelle sa Maiesté
cõmandoit en personne : Que le
Roy ayant fait faire en six iours 60.
lieuës a son armee, se rédit dans les
Isles de Bretagne, ou Mr. de Sou-
bise chef des Rebelles estoit auec
vne forte armee, que ceste troupe
animee de fureur, quigorgee de bu-
tin, sembloit menacer les cieux &
deffier la fortune, fut desfaite par
les armes victorieuses de nostre
grand Roy, lequel passa des pre-
miers à gué le bras de mer, seruant
de rampart aux ennemis, & mon-
stra par ce moyen le chemin à tout
le reste : tout aussi tost les ennemis
s'espouuantent, la Caualerie est
mise en route, l'Infanterie taillée
en pieces, grãd nombre de morts,
de blessez & de prisonniers, ils
perdent toute leur artillerie, auec
les vaisseaux sur lesquels ils pen-
soient se sauuer. Cela fait sans

prendre haleine, le Roy assiege la
ville de Royan place Maritime,
que la nature & l'art sembloient
auoir rendu inexpugnable. De là
nostre ieune Alcide, trauerse comme vne esclair la Guyenne & Gas-
congne, dissipe par tout les nua-
ges des rebelions. La ville de sainte
Foy espouuantee par la terreur de
ses armes ouure ses portes : Clerac
est repris. En suitte auec vne dili-
gence incroyable, sa Maiesté vient
au haut Languedoc, assiege, prent
& force les villes de Negrepelisse,
S. Anthonin, de Carman & autres.
Puis apres il descent auec la mesme
propritude au bas Languedoc, ou
les villes de Lunel, d'Aymargues,
de Massilliargues, de Sommieres &
autres, furent aussi tost prises qu'as-
siegees : dont s'ensuit le siege de la
ville de Montpelier, la plus impor-
tante de toute la France pour les
Rebelles, puis qu'elle a esté hono-
ree de l'establissement de deux
Compagnies souueraines. En ce
siege sa Maiesté a eu à combatre

non seulemēt les ennemis, qui l'ont
souuent contraint de s'armer de
toutes pieces, & de passer des nuits
entieres à cheual, mais encore l'in-
fection de l'air & des maladies con-
tagieuses, ausquelles il a exposé sa
Royale personne; En fin sa vertu
& ses trauaux ont surmonté la fortune & tous les élemens, & contraint les Rebelles de reuenir à leur
deuoir, & de ceder à la iustice inuincible de ses armes, aymans
mieux esprouuer les effects de sa
clemence & misericorde que ceux
de sa rigueur. Les siecles à venir
auront peine à croire ce qu'auiour-
d'huy, toutes les Italies, les Espa-
gnes, les Allemagnes, & en vn mot
tout le monde contemple auec ad-
miration, de voir vn ieune Prince
à l'aage de vingt & vn an, quitter
les delices, dans lesquels les ieunes
Roys ont accoustumé de se
plonger, endosser la cuirasse, &
en moins de deux ans, auoir acquis
& conquis par sa valeur & bonne
conduite plus de quatre-vingts

villes, aux Prouinces & pays de
Bearn, de Poictou, de Xaintonge,
de Berry, de Guyenne, de Gascon-
gne, & du haut & du bas Lãguedoc.
Et à la fin d'auoir pardóné à ses ennemis vaincus, qui sót des merueil-
les que trois siecles auparauãt, n'en
auoient point veu autant. Cesar
disoit, i'ay esté, i'ay veu, i'ay vaincu. Mais nostre Roy peut bien
plus dire, i'ay esté, i'ay veu, i'ay
vaincu, i'ay pardoné. Or c'est
nous qui receuillons le fruict de
ses trauaux indicibles, par l'asseu-
rance de nostre Religion, de nos
vies, & de nos biens, menaces de
faire naufrage dans ceste horrible
rebelion, reprimee, domptee, &
abatuee par nostre inuincible Mo-
narque, enquoy il a acquis sur
vous vne obligation si grande, que
tous vós seruices & obeyssance
peuuent bien estre vne action de
graces continuelle, mais nõn vn
payemẽt. Sur tout, Messieurs, vous
estes par là obligez à l'exemple de
vos predecesseurs, d'offrir au Roy
tout

tout ce qui est en voſtre pouuoir,
vos vies, vos biens, & ce qui en dé-
pend. Au ſurplus, Meſſieurs, apres
auoir parlé de ce qui concerne ſa
Maieſté, ie me recognoy obligé de
vous repreſenter, comme vous ſe-
rez reſponſables deuant Dieu, de
tout ce que vous conſeillerez, pro-
curerez & cóſentirez en ces Eſtats,
où vous deuez embraſſer de tout
voſtre pouuoir, le bien & le ſou-
lagement du pauure peuple acca-
blé de miſere & de calamité, ceſte
Prouince ayant ſeruy depuis vingt
deux mois de theatre, où ſe ſont
iouees les plus ſanglantes trage-
dies de toute la France, ny ayant
aucun Dioceſe, qui ne ſe ſoit reſſenty de ceſte calamité publique.
Vous eſtes auſſi obligez de vous
deſpoüiller & deſpartir de toutes
paſſions & affections particulieres,
afin que le bien public marche
touſiours, le premier & ſoit pre-
feré à toutes choſes. Ie ne puis
paſſer ſoubs ſilence, les gran-
des plaintes que l'on a faictes au

Roy premierement, puis à sa Cour de Parlement de Tholose, des abus & maluersations qui se commettent dans les assiettes des vingt-deux Dioceses de ceste Prouince, où l'on a vsé de grands dons gratifications, recompences, taxations de voyages, doubles emplois de parties payees, & autres excessiues despences, qui tournent tellement à la foule & oppression des subiets du Roy, que de cent escus qui s'imposent, il n'en vient pas dix dans la bource de sa Maiesté: & sur cela i'ay souuenance qu'il y a enuiron dix huict ans, que ie retranchay plus de soxante mil liures, à la descharge & soulagement des habitans de la ville du Puy & de leur Diocese. Ce desordre, Messieurs, auoit donné suiet, & fondement à l'Edict des Esleus, qui fut sur le poinct d'estre verifié & enregistré en la Cour de Parlement, ou ie fis en vostre faueur & aduantage, les remonstraces telles que vous les pouuez desirer, & lesquelles ie reiteray en la preséce du Roy, assisté des Princes de son sãg: Cardinaux, Ducs, Pairs & Officiers de la Couronne, & autres des principaux seigneurs de son Conseil. Où ie fus secondé de quatre, Messieurs les Prelats, d'autant des Barons, & de deux fois autant du tiers Estat, tous lesquels sont tesmoins, comme ie me suis rendu caution de vos bons & dignes comportemens, & asseuré que vous apporterez tousiours la bonne conduitte & direction, qui est necessaire aux affaires publiques, pour bien mesnager les impositions qui se sont sur le peuple. Que vous serez tres-aises que les abus soient corrigez & reformez, en conseruant toutesfois l'vsage ancien de vos priuileges, que si dans l'ordre de la Iustice, il se trouue des Officiers qui commettent des concussions, il ne faut pas pour cela abolir les Parlemens, mais chastier les delinquãs, car m'adressant au Roy. Ie dis, SIRE, c'est vous qui

B ij

par deſſus tous les Rois de la terre,
regnez par la Iuſtice dans la Iuſtice & auec la Iuſtice, ce ſont les
meſmes mots que ie dis. Et ce diſ-
cours pouſſé par mon zele & ar-
deur au bien public, euſt vne telle
efficace, que ſa Maieſté teſmoi-
gna m'en ſçauoir tres-bon gré
& encliner à ma demande. I'ob-
mettois encore à vous dire vne
autre plainte que le Parlement
fait contre ceſte compagnie, qui
eſt qu'au lieu que de toute ancien-
neté, les Eueſques ne ſe trouuans
point aux Eſtats, y enuoyent leurs
grands Vicaires qui exercent ceſte
charge dans le ſiege Epiſcopal, auiourd'huy au contraire, l'on enuoye des Vicariats en blanc, qui ſe
rempliſſent du nom des Chanoi-
nes, ou autres Aumoſniers, leſquels
on trouue à la ſuitte des Eſtats.
Le meſme abus ſe commet en l'ab-
ſcence des Barons. Leurs Baillifs y
deuoient aſſiſter, au contraire l'on
enuoye des procurations en blanc,
leſquelles ſont remplies du nom de

Gentils-hômes, qui se rencontrent
aux Estats, & y ont bien souuét des
affaires particulieres, vo⁹priât Messieurs, de suiure en cela les ancien-
nes formes, & de prendre en bon-
né part ce que ie vous en dis, qui
prouient d'vn cœur remply d'vne
tres parfaicte & entiere affection à
vostre seruice, & qui ne respire autre chose(apres le seruice du Roy)
que la conseruation & manuten-
tion de vos priuileges, franchises
& libertez en ceste volonté, ie fi-
niray ce discours, lequel l'arden-
te affection que i'ay au seruice du
Roy & soulagement de ceste Prouince, ma sugeré sur le champ sans
aucun art ny preparation : & aussi
le peu de temps ne m'en a donné
le loisir.

Caton entrant dans le Senat
Romain, commençoit & finissoit
ainsi toufiours ses oppinions, il
faut ruiner Carthage si nous vou-
lons que nostre repos & bon-heur
soit asseuré. De mesme ie ne ces-
seray de vous dire qu'il faut ex-

tirper ces abus, ſi vous voulez que
le peuple ſoit ſoulagé, & le bien
public eſtably.   Ie conclurray
donc par les loüanges du Roy,
par leſquelles i'ay commencé, &
diray de luy ce qu'à dit vn celebre
Poëte de noſtre temps.

Sacré Fleuron de Lys qui ieune promets
rendre,
Eſgaux tes verds Lauriers, aux lauriers
d'Alexandre.

Ce ſont les vœux, ce ſont les
ſouhaits que ie fais pour vous mon
grand Roy, qui eſtes icy preſent par
voſtre authorité & puiſſance ſou-
ueraine, ainſi puiſſiez vo' touſiours
triópher, non tant des deſpoüilles
de vos ennemis que de leurs cœurs
& de leurs propres volontez, ainſi
puiſſiez-vous cóuertir la rebellion
en obeyſſãce, & les rebelles en fide-
les ſubiets, ainſi ſoyez vous touſiours victorieux & triomphant, &
de la guerre & de la paix: Paix que
vous nous auez donnee & aſſeuree

par voſtre valeur, mais bien plus
pouſſé de l'affection de laquelle
vous eſtes eſpris, & embraſé en-
uers vos pauures peuples, vous
voicy donc arriuee ô bien heureu-
ſe paix, fille du cu ciel, mere fe-
conde des biens de la terre, les An-
ges vous loüent du Ciel, les hom-
mes vous reclament en terre, ce
ſera vous qui accompagnerez
touſiours noſtre inuincible Mo-
narque, pour le rendre l'arbitre de
la Chreſtienté, & le Iuge par con-
ſequent, de tous les differents des
Roys & Princes de l'Europe.

F I N.